Impressum
Verlag: BABADADA GmbH, Nedderfeld 112 , 22529 Hamburg
Geschäftsführer / Verlagsleitung: Harald Hof
Druck: Books on Demand GmbH, In de Tarpen 42, 22848 Norderstedt

Imprint
Publisher: BABADADA GmbH, Nedderfeld 112 , 22529 Hamburg, Germany
Managing Director / Publishing direction: Harald Hof
Print: Books on Demand GmbH, In de Tarpen 42, 22848 Norderstedt, Germany

ښوونځی

школа

учиона
تقسیم
делити
186/2
بورډ
плоча
د ښوونځي حویلۍ
школско двориште
ښوونکی
наставник
ورق
папир
لیکل
писати
قلم
хемијска оловка
писаћи стол
خط کش
лењир
کتاب
књига
زده کونکی
ученик

کڅوړه

торба

د پنسل بکسه

перница

پنسل

графитна оловка

پنسل تراش

шиљило за оловке

ربړ

гумица за брисање

د رسامۍ پاڼه

блок за цртање

2 ښوونځی - школа

رسامي

цртеж

د نقاشۍ برس

кист

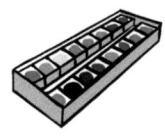

د نقاشۍ بکس

кутија са бојама

قیچي

маказе

سریښ

лепило

د تمرین کتاب

бележница

کورنۍ دنده

домаћи задатак

12

شمیر

број

2+2

جمع

сабирати

5-2

منفي

одузимати

2×2

ضرب

множити

حساب

рачунати

A

توری

слово

ABCDEFG
HIJKLMN
OPQRSTU
VWXYZ

الفبا

абецеда

hello

کلمه

реч

متن

текст

لوستل

читати

تباشیر

креда

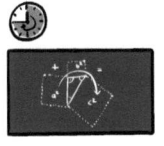

درس

час

راجستر

дневник

ازموینه

испит

تصدیق پاڼه

сведочанство

د ښوونځي یونیفارم

школска униформа

تعلیم

образовање

دایره المعارف

лексикон

پوهنتون

универзитет

مایکروسکوپ

микроскоп

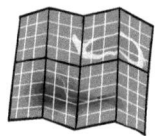

نقشه

карта

اشغالدانی

кошара за папир

путовање

هوټل
хотел
لیلیه
преноћиште
د اسعارو د تبادلې دفتر
мењачница
بکس
кофер
موټر
ауто

ژبه

језик

هو/نه

да / не

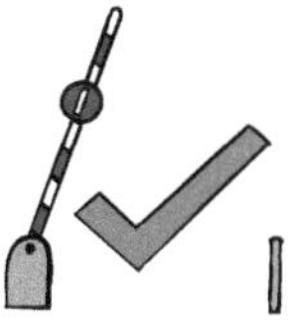

سمه ده

океј

سلام

здраво

ژباړونکی

преводилац

مننه

хвала

څومره دي...؟
....
Колико кошта...?

زه نه پوهيږم
....
не разумем

ستونزه
....
проблем

ماښام مو پخير!
....
добро вече!

سهار په خير!
....
Добро јутро!

شپه په خير!
....
Лаку ноћ!

په مخه مو ښه
....
довиђења

لارښود
....
смер

سامان
....
пртљага

بيګ
....
торба

شاتنی بکس
....
руксак

ميلمه
....
гост

خونه
....
соба

د خوب کڅوړه
....
врећа за спавање

خيمه
....
шатор

د توریزم معلومات

....

туристичке информације

ساحل

....

плажа

کریډیټ کارت

....

кредитна картица

ناری

....

доручак

د غرمې خواړه

....

ручак

د شپې خواړه

....

вечера

ټیکټ

....

карта за вожњу

لفټ

....

лифт

مهر

....

поштанска маркица

پوله

....

граница

ګمرک

....

царина

سفارت

....

амбасада

ویزه

....

виза

پاسپورټ

....

пасош

ټرانسپورټ

транспорт

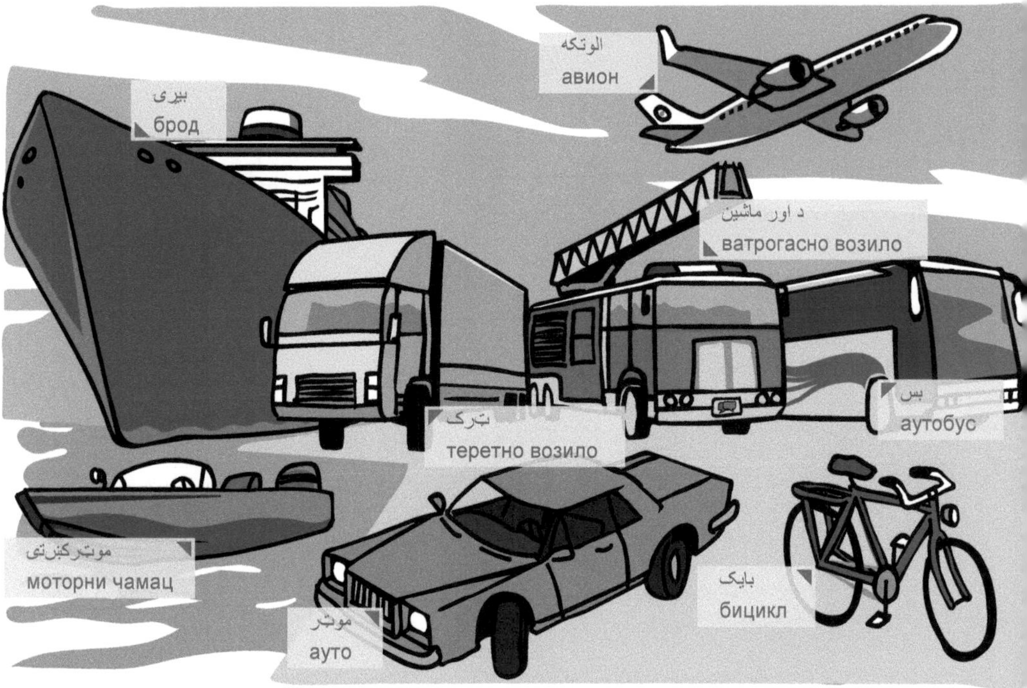

الوتکه
авион
بیړۍ
брод
د اور ماشین
ватрогасно возило
بس
аутобус
ټرک
теретно возило
موټرکښتۍ
моторни чамац
بایک
бицикл
موټر
ауто

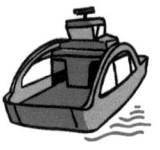

کښتۍ

....

трајект

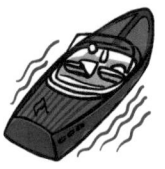

کښتۍ

....

чамац

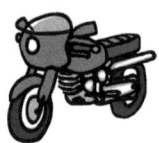

موټرسایکل

....

мотоцикл

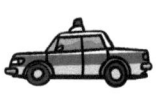

د پولیسو موټر

....

полицијски ауто

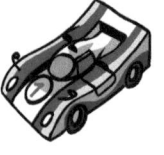

د ریس موټر

....

тркаћи ауто

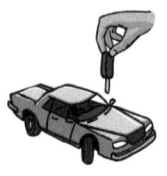

کرایی موټر

....

изнајмљено ауто

د كرايه موټرى

дељење аутомобила

جرثقيل لرونكى ټرك

вучно возило

ريفيوز ټرك

возило за одвоз смећа

موټر

мотор

سونګ ټوكى

бензин

پېټرول سټېشن

бензинска станица

ترافيکى نښه

саобраћајни знак

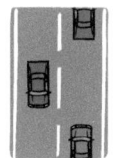

ترافيک

саобраћај

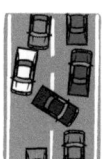

جام ترافيک

застој

د موټرو تمځای

паркиралиште

د ريل سټېشن

железничка станица

پاټکى

шине

ريل

воз

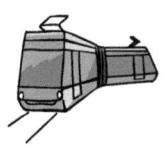

ټرام

трамвај

واګون

вагон

ټرانسپورټ - транспорт 9

چورلکه

хеликоптер

هوايي ډګر

аеродром

برج

кула

مسافر

путник

کانټېنر

контејнер

کارتون

картон

کارت

колица

ټوکرۍ

корпа

الوتنه کول/کښېناستل

узлетети / слетети

ښار

град

کلی

село

د ښار مرکز

центар града

کور

кућа

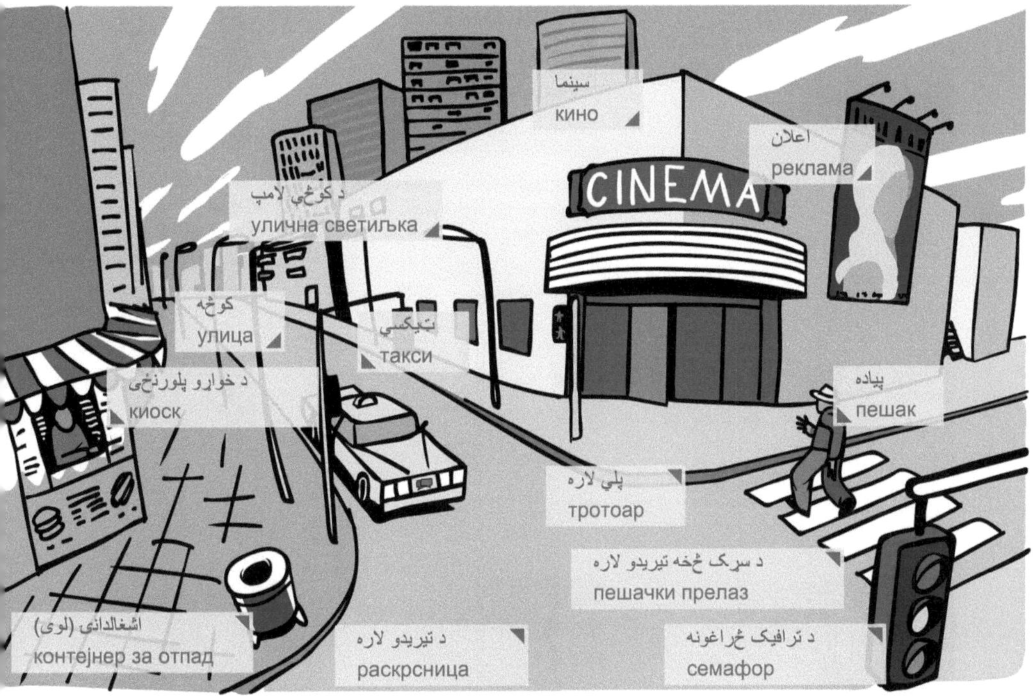

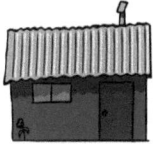

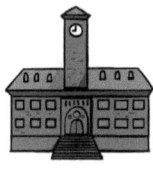

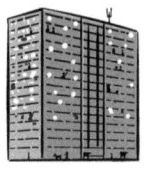

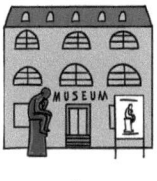

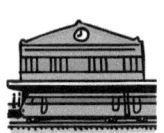

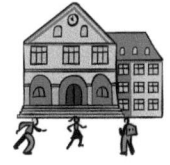

سینما
кино
اعلان
реклама
CINEMA
د کوڅې لامپ
улична светиљка
کوڅه
улица
ټیکسي
такси
د خوارو پلورنځی
киоск
پیاده
пешак
پلې لاره
тротоар
د سړک څخه تیریدو لاره
пешачки прелаз
اشغالدانی (لوی)
контејнер за отпад
د تیریدو لاره
раскрсница
د ترافیک څراغونه
семафор

کوډله

колиба

اپارتمان

стан

د ریل سټیشن

железничка станица

ټاون هال

већница

MUSEUM

میوزیم

музеј

ښوونځی

школа

پوهنتون

университет

بانک

банка

روغتون

болница

هوټل

хотел

درملتون

апотека

دفتر

канцеларија

کتاب پلورنځی

књижара

پلورنځی

продавница

د ګلانو پلورنځی

цвећара

لوی پلورنځی

супермаркет

مارکيټ

трг

د ډيپارټمنټ سټور

робна кућа

کب پلورنځی

рибарница

د پلور مرکز

трговачки центар

لنګرتون

лука

پارک

парк

بینچ

клупа

پل

мост

زینه

степенице

د ځمکې لاندې

подземна железница

تونل

тунел

بس تمځای

аутобуска станица

بار

бар

ریسټورانټ

ресторан

پوست بکس

поштанско сандуче

د کوڅې نښه

улични знак

د پارک کولو میټر

паркирни аутомат

ژوبڼ

зоолошки врт

د لامبو حوض

базен

مسجد

џамија

کرونده
....
сеоско газдинство

ناپاکي
....
загађење околине

هدیره
....
гробље

چرچ
....
црква

د لوبو ډګر
....
игралиште

معبد/کلیسا
....
храм

منظره

пејсаж

پاڼه
лист
د لارښووني نښه
путоказ
لاره
пут
چمن
ливада
کاڼی
камен
هیکر
шетач
ونه
дрво
سیند
река
واښه
трава
ګل
цвет

دره
....
долина

غونډۍ
....
планина

ناور
....
језеро

ځنګل
....
шума

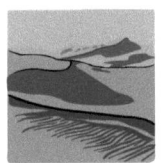

دښته
....
пустиња

اورشیندی
....
вулкан

کلا
....
дворац

رنګین کمان
....
дуга

مرخیړي
....
гљива

پلم ونه
....
палма

ماشي
....
москито

الوتل
....
мува

میږی
....
мрав

مچۍ
....
пчела

غونډل/جولا
....
паук

گونګټ

буба

چونګښه

жаба

نولی

веверица

زیږکی

јеж

سوی

зец

ګونګ

сова

مرغی

птица

قازه

лабуд

نرخوک

дивља свиња

هوسی

јелен

ګاوزه

лос

بند

насип

بادي توربين

ветрењача

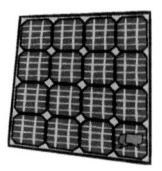

سولر تختي

соларна плоча

اقليم

клима

ريسټورانټ

ресторан

پېشخدمت
конобар
مينو
јеловник
столица
سوپ
супа
پيزا
пица
د ميز ټوټه
ښاخی، چاقو، کاشوغه
прибор за јело

سټارټر

....

предјело

اصلي خواړه

....

главно јело

شيريني

....

десерт

څښاک

....

напитци

خواړه

....

јело

بوتل

....

флаша

فاسټ فوډ

брза храна

د کوڅې خواړه

имбис храна

چای جوش

чајник

قندانی

доза за шећер

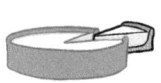

برخه

порција

اسپرسو مشین

апарат за еспресо

لوړه چوکی

висока столица

رسید

рачун

مجمه

послужавник

چاکو

нож

پنجه

виљушка

قاشق

кашика

چای قاشق

чајна кашика

سورویت

салвета

ګلاس

чаша

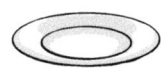

پلیټ
....
тањир

د سوپ پلیټ
....
тањир за супу

نالبکی
....
тањирић

ساس
....
сос

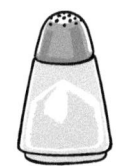

مالګه شیندونکی
....
сољенка

د مرچ ټکولو لوخی
....
млин за бибер

سرکه
....
сирће

غوړي
....
уље

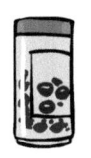

مساله
....
зачини

کچ اپ
....
кечап

شرشم
....
сенф

چکه
....
мајонеза

لوی پلورنځی
супермаркет

понуда
پیرودونکی
купац
لبنیات
млечни производи
колица за куповину
میوه
воће

قصابي
....
месница

نانوایی
....
пекара

وزن کول
....
вагати

سبزیجات
....
поврће

غوښه
....
месо

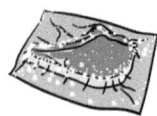

کنګل خواره
....
смрзнута храна

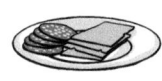

یخه غوښه
....
нарезак

کنسروا خواره
....
конзерве

د مینځلو پوډر
....
средство за прање

شیریني
....
слаткиши

کورني تولیدات
....
артикли за домаћинство

د پاکولو محصولات
....
средства за чишћење

د پلور فرد
....
продавачица

د نغدي راجستر
....
благајна

صراف
....
благајник

د پیرود لیست
....
листа за куповину

کاري ساعتونه
....
време рада

بټوه
....
новчаник

کریډیټ کارت
....
кредитна картица

کڅوړه
....
торба

پلاستیک کڅوړه
....
пластична кеса

څښاک

напитци

اوبه

вода

جوس

сок

شيده

млеко

کوک

кола

واين

вино

بير

пиво

الکول

алкохол

ککاو

какао

چای

чај

کافي

кава

اسپرسو

еспресо

کپچينو

капућино

كيله

банана

مڼه

јабука

نارنج

наранџа

هندواڼه

лубеница

ليمو

лимун

ګازره

шаргарепа

هوږه

бели лук

بانکس

бамбус

پياز

лук

مرخيړي

гљива

چغزی

орашасти плодови

آش

резанци

سپيگټي

шпагете

وريجي

рижа

سلاد

салата

چپس

помфрит

سره کړي کچالو

печени кромпир

پيزا

пица

همبرګر

хамбургер

سانډويچ

сендвич

کتره

шницла

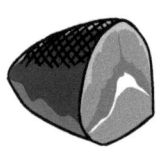

د پتون غوښه

шунка

سلمي

салама

ساسج

кобасица

چرګ

кокош

روسټ

печење

کب

риба

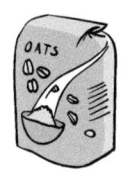

د وربشي شیرني
....
зобене пахуљице

موسلي
....
мусли

د جوار پلی
....
кукурузне пахуљице

اوره
....
брашно

کروسانت
....
кроасан

د ډوډۍ رول
....
пециво

ډوډۍ
....
хлеб

ټوسټ
....
тоаст

بسکیټ
....
кекси

کوچ
....
маслац

چکه
....
свежи сир

کیک
....
колач

هګۍ
....
jaje

پخي هګۍ
....
jaje на око

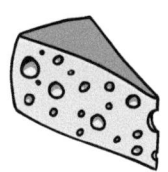

پنیر
....
сир

آیس کریم

....

сладолед

بوره

....

шећер

شهد

....

мед

مربا

....

мармелада

نوګاټ کریم

....

нугат крема

کورکمان

....

кари

сеоско газдинство

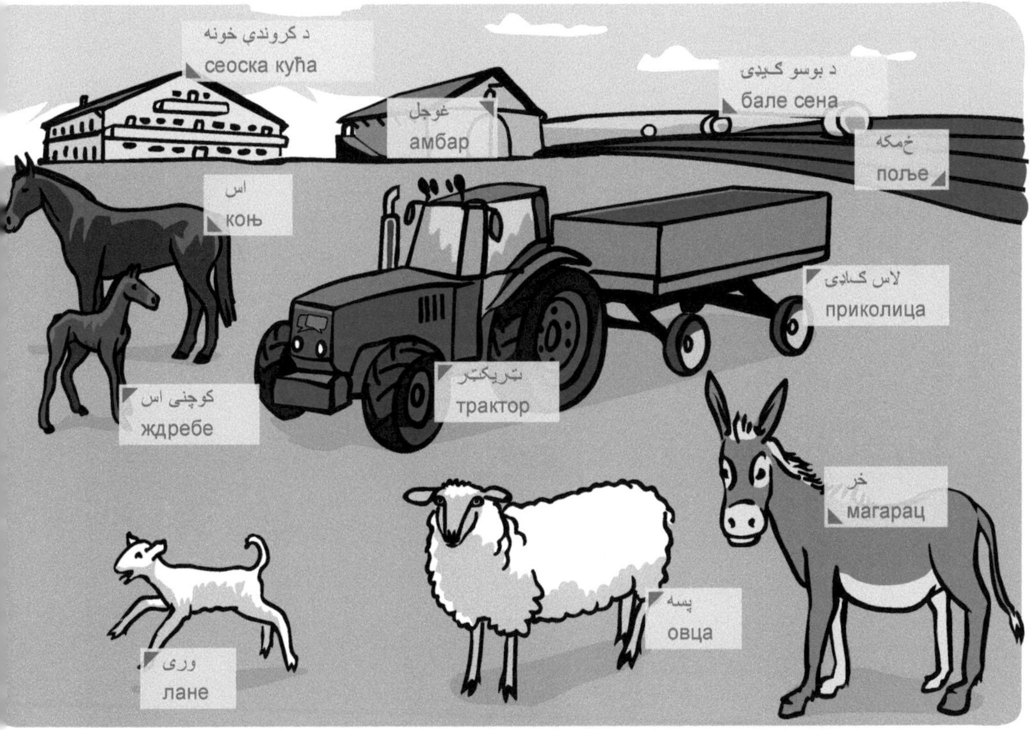
د کروندې خونه
сеоска кућа
غوجل
амбар
د بوسو ګېډۍ
бале сена
ځمکه
поље
اس
коњ
لاس ګاډی
приколица
کوچنی اس
ждребе
ټریکټر
трактор
خر
магарац
پسه
овца
وری
лане

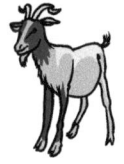

وزه
коза

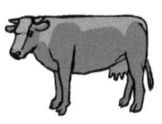

غوا
крава

خوسکی
теле

خوګ
свиња

د خوګ بچی
прасе

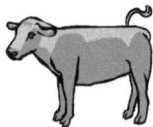

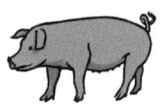

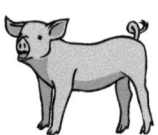

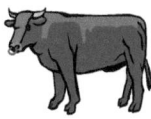

غویی
бик

بته

гуска

هیلی

патка

چرګوری

пилићи

چرګه

кокош

بانګي

петао

سارای موږک

пацов

پیشک

мачка

موږک

миш

غویی

вол

سپی

пас

د سپي خونه

кућица за пса

د باغ هوز

вртно црево

د اوبو لوخی

канта за поливање

لور (داس)

коса

یوی

плуг

لور

срп

رمبی

мотика

ښاخی

виљушка за ђубриво

تبر

секира

کراچۍ

тачке

ناوه

корито

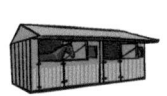

د شیدو لوخی

посуда за млеко

جوال

врећа

کټاره

ограда

مضبوط

штала

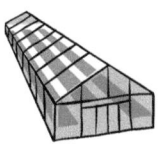

شنه خونه

стакленик

خاوره

земља

تخم

семе

سره/کود

ђубриво

کډ ریبونکی ماشین

комбајн

زیرمه کول

....

жети

درمند

....

жетва

خواږه کچالو

....

јамс зачин

غنم

....

пшеница

سویا

....

соја

کچالو

....

кромпир

جوار

....

кукуруз

نباتي تخم

....

уљана репица

د میوې ونه

....

воћка

مانیوک

....

гомољ маниоке

غله

....

житарице

کور

кућа

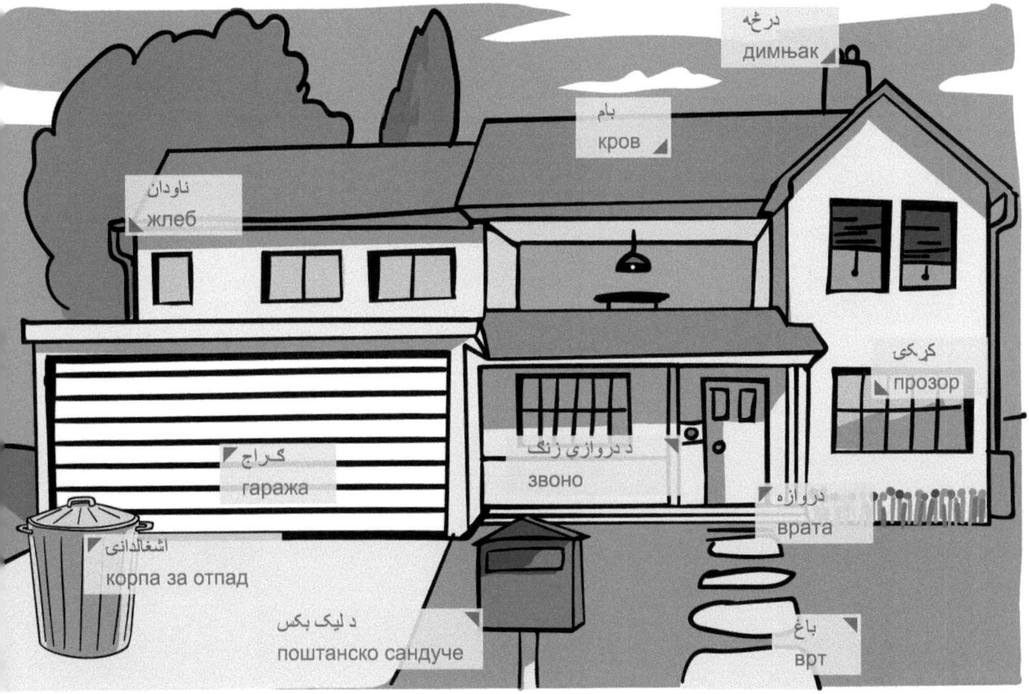

درځه
димњак
بام
кров
ناودان
жлеб
کړکۍ
прозор
ګراج
гаража
د دروازې زنګ
звоно
دروازه
врата
اشغالدانۍ
корпа за отпад
د لیک بکس
поштанско сандуче
باغ
врт

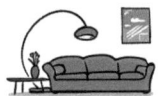

د اوسیدو خونه

дневна соба

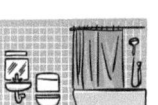

حمام

купаоница

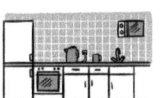

پخلنځی

кухиња

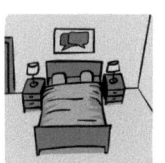

د ویده کیدو خونه

спаваћа соба

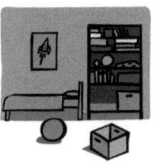

د ماشوم خونه

дечија соба

د خوړو خونه

трпезарија

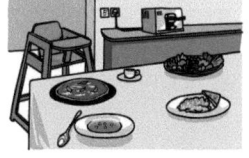

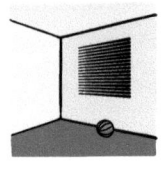

فرش

под

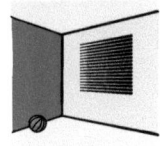

ديوال

зид

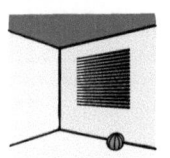

چت

строп

زيرخانه

подрум

سونا

сауна

بالكوني

балкон

ټراس

тераса

حوض

базен

د چمن وهلو ماشين

косилица за траву

شيټ

постељина за кревет

روجايى

дека за кревет

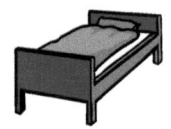

تخت

кревет

جارو

метла

بوكه

канта

سويچ

прекидач

د اوسيدو خونه

дневна соба

والپيپر
тапета
عکس
слика
لامپ
светиљка
شيلف
регал
الماری
ормар
تلويزيون
телевизија
نغری
камин
цвет
بالښت
јастук
صوفه
кауч
ګلدانی
ваза
ريموټ کنټرول
даљински управљач

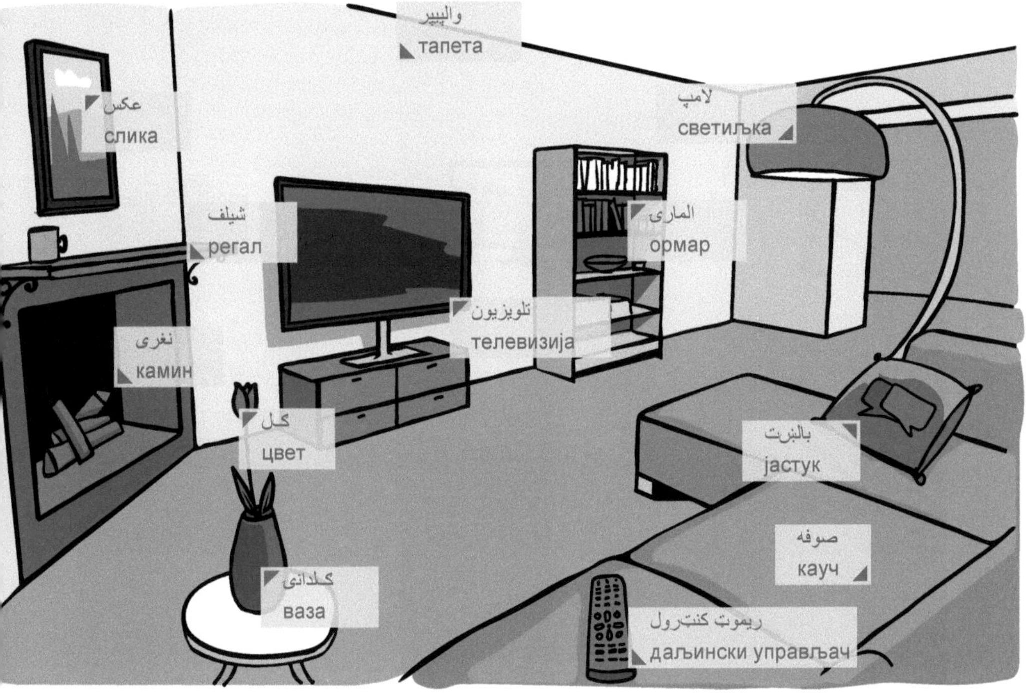

غالی

тепих

پرده

завеса

ميز

сто

چوکۍ

столица

تاويدونکي چوکۍ

столица за њихање

بازو لرونکی چوکۍ

фотеља

کتاب
....
књига

کمپل
....
дека

ډیکوریشن
....
декорација

د اور لرګي
....
дрво за огрев

فلم
....
филм

هایفای
....
хи-фи уређај

کلي
....
кључ

ورځپاڼه
....
новине

نقاشي
....
слика на платну

پوسټر
....
постер

راډیو
....
радио

کتابچه
....
блок за писање

واکیوم جارو
....
усисивач

کاکتوس
....
кактус

شمع
....
свећа

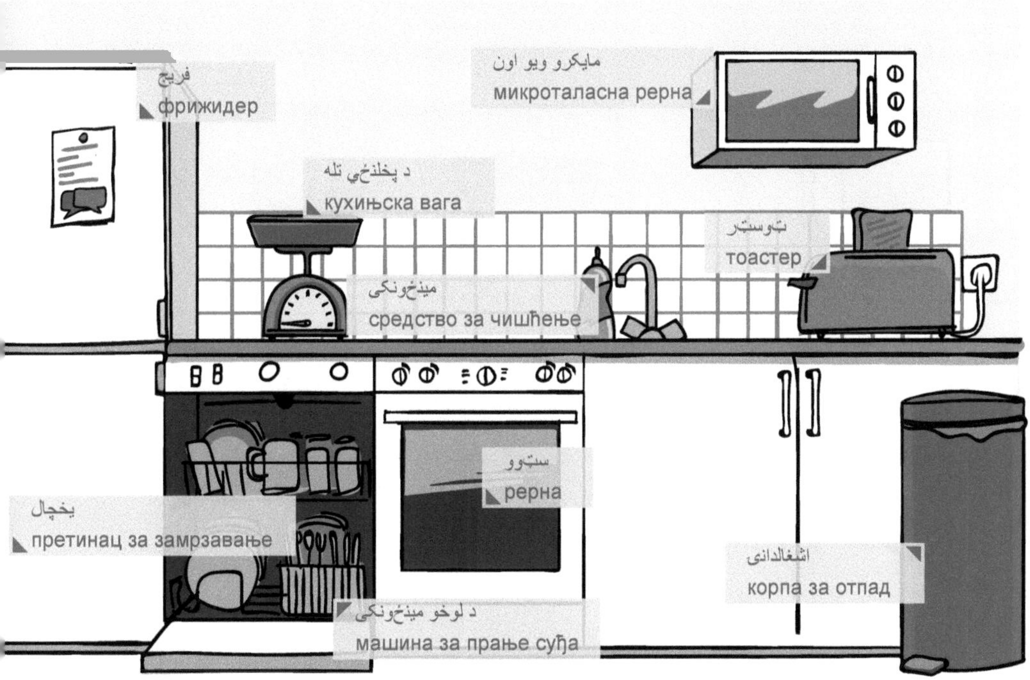

فریج
▶ фрижидер

مایکرو ویو اون
микроталасна рерна

د پخلنځي تله
▶ кухињска вага

ټوسټر
тоастер

مینځونکی
средство за чишћење

سټوو
▶ рерна

یخچال
▶ претинац за замрзавање

اشغالدانی
корпа за отпад

د لوخو مینځونکی
машина за прање суђа

دیگ بخار
....
шпорет

لوخی
....
лонац

چدني لوخی
....
гвоздени лонац

ووک
....
вок / кадаи

د تلی په
....
тава

چای جوش
....
кувало за воду

د بخار دیګ

кувало на пару

پتنوس

лим за печење

لوخي

посуђе

مګ

чаша

کاسه

посуда

د رانیولو اوزار

штапићи за јело

څمڅی

кутлача

کفګیر

лопатица

پاکونکی

пењача

صافي

сито за кување

غلبیل

сито

ګریټر

рибеж

اونګ

мужар

بار بي کیو

роштиљ

خلاص اور

огњиште

تخته

даска

هوارونکی

оклагија

کارک سکریو

вадичеп

ټیم

конзерва

د ټیم خلاصونکی

отварач конзерви

د لوخي ټوټه

крпа за лонац

ظرف شوی

судопер

برس

четка

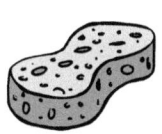

سپنج

сунђер

بلینډر

миксер

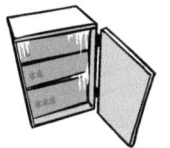

ژور یخچال

замрзивач

د ماشوم بوتل

флашица за бебе

نل

славина за воду

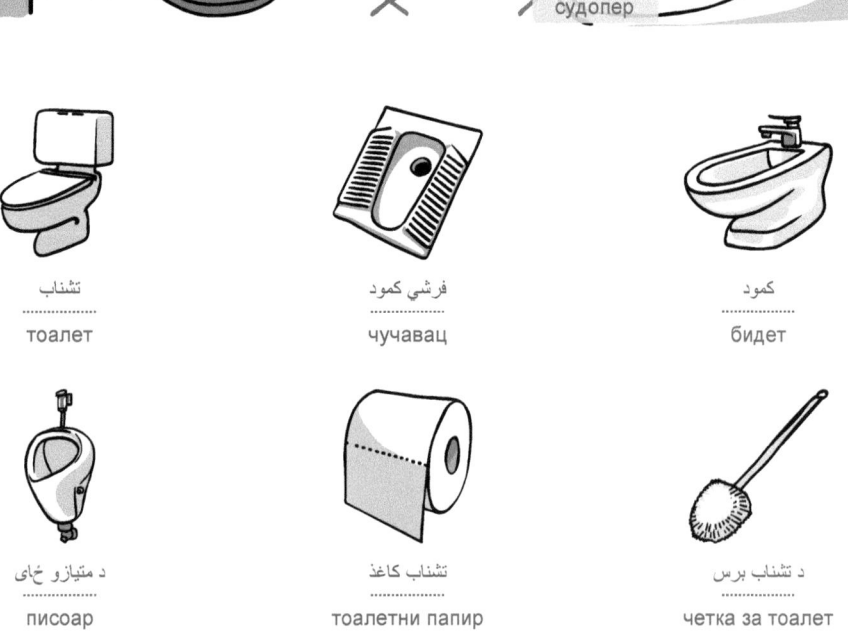

حمام

купаоница

грејање
جان پاک
пешкир
شاور
туш
د شاور پرده
завеса за туш
ببل حمام
пенушава купка
د حمام ټب
када
чаша
د مینځلو مشین
машина за прање веша
نل
славина за воду
ټایلونه
плочице
يو ډول کمود
тута
ظرف شوی
судопер

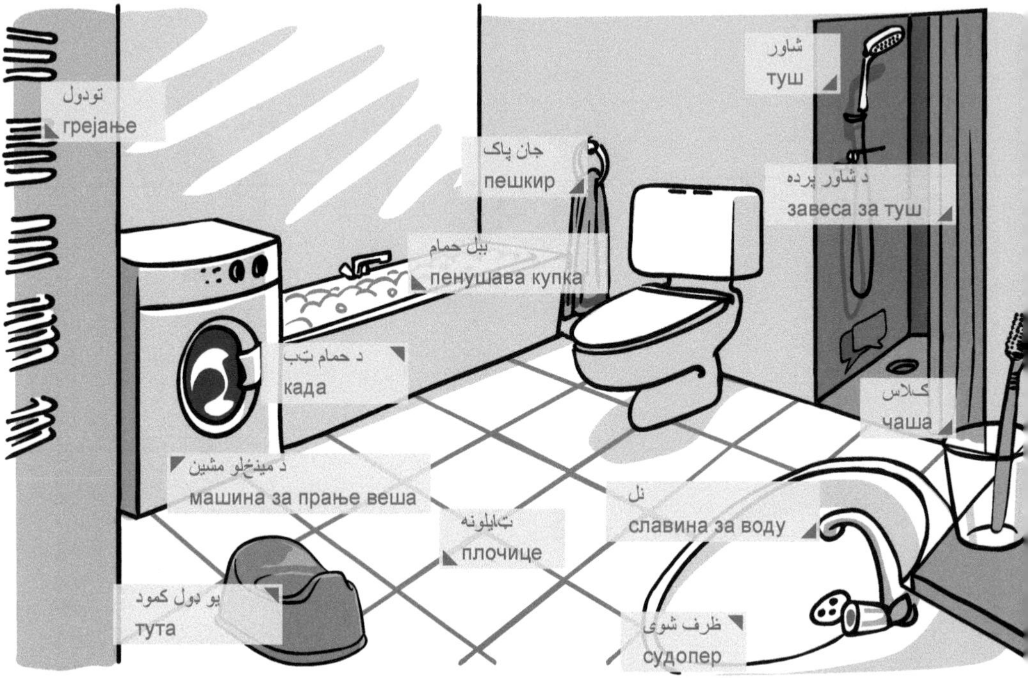

تشناب
....
тоалет

فرشي کمود
....
чучавац

کمود
....
бидет

د متیازو ځای
....
писоар

تشناب کاغذ
....
тоалетни папир

د تشناب برس
....
четка за тоалет

د غاښونو برس

четкица за зубе

د غاښونو کریم

паста за зубе

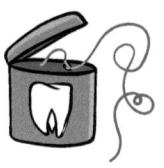

د غاښونو نخ

конац за зубе

مینځل

прати

لاسي شاور

туш ручица

دوش

туш за прање интимних делова

خانک

лавор

د شا برس

четка за прање леђа

صابون

сапун

د شاور ژل

гел за туширање

شامپو

шампон

فلانل جامه

крпа за прање

وچول

одвод

کریم

крема

سپری

дезодоранс

آینه

огледало

لاسي آینه

козметичко огледало

ریزر

бријач

د خریلو فوم

пена за бријање

د خریلو وروسته

лосион за после бријања

ګمنځ

чешаљ

برس

четка

د ویښتانو وچونکی

фен за косу

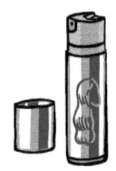

د ویښتانو سپری

спреј за косу

میک اپ

шминка

لیپ سټیک

руж за усне

د نوکانو پالش

лак за нокте

کاټن وری

вата

ناخن ګیر

маказе за нокте

عطر

парфем

د مېنځلو کڅوړه

....

козметичка торбица

سټول

....

столица

د وزن کولو تله

....

вага

د حمام پوښاک

....

огртач

د ربړ دستکش

....

рукавице за чишћење

ټامپون

....

тампон

صحيی جان پاک

....

уложак

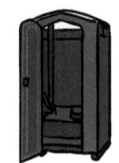

کيميکل تشناب

....

хемијски тоалет

د ماشوم خونه

дечија соба

د الارم ساعت
будилник
د لوبو وسايل
плишана играчка
د ناڅکي موټر
ауто играчка
ريتل
звечка
د ناڅکو خونه
кућица за лутке
ډالۍ
поклон

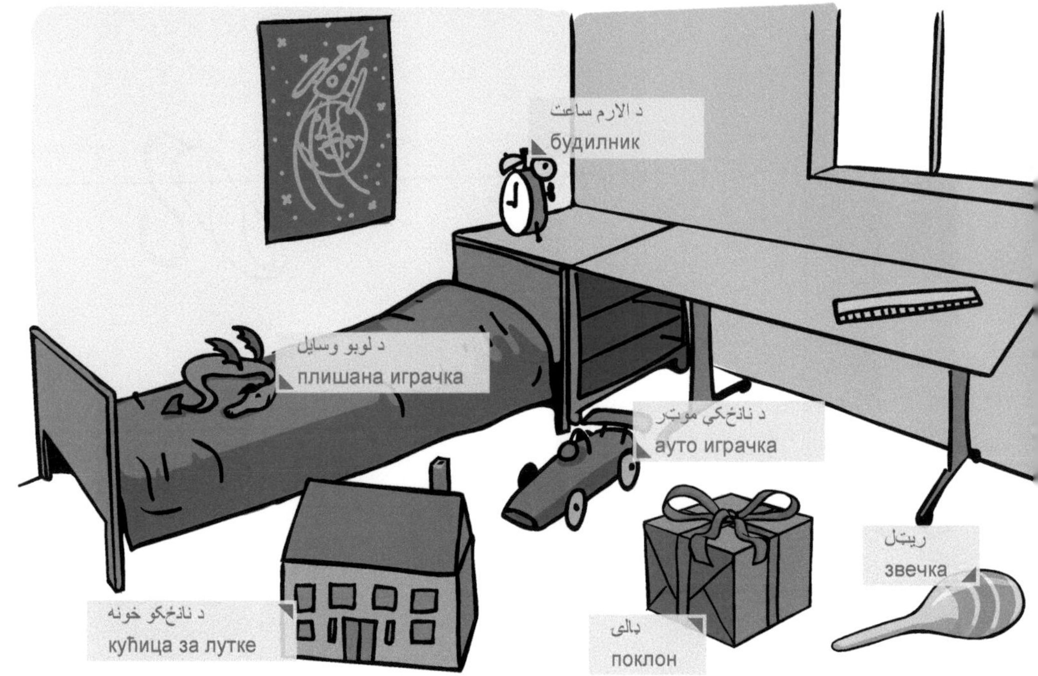

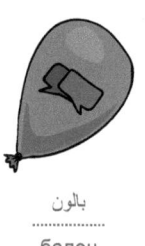

بالون

балон

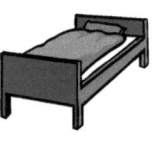

تخت

кревет

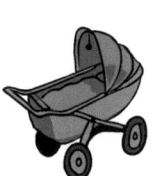

کالسکه

дјечија колица

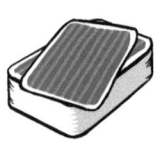

د لوبو ورقې

игра са картама

جيګسا

слагалица

SUPER MEGA

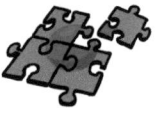

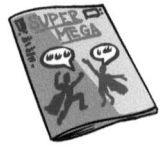

مسخره

стрип

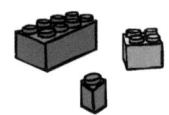

ليګو بريک

лего коцкице

د نانځکو بلاک

коцкице за слагање

د اکشن فيګور

акциони јунак

د ماشوم پوښاک

бенкица за бебе

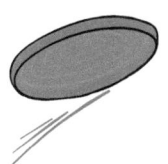

فريزبي

фризби

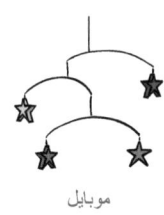

موبايل

висеће играчке

بورډ لوبه

друштвене игре

تاس

коцка

مادل ريل سيټ

минијатурна жељезница

ګونګشی

дуда

پارتي

забава

د عکسونو البوم

сликовница

بال

лопта

نانځکه

лутка

لوبيدل

играти

د شګو کنده

....

пешчаник

سوینګ

....

љуљачка

نانځکي

....

играчка

د ویډیو لوبو کنسول

....

конзола за игре

ټرای سایکل

....

трицикл

ګوډکه

....

теди

د کالو الماری

....

ормар

پوښاک

одећа

جرابې

....

кратке чарапе

لوړې جرابې

....

чарапе

ټایټس

....

хулахопке

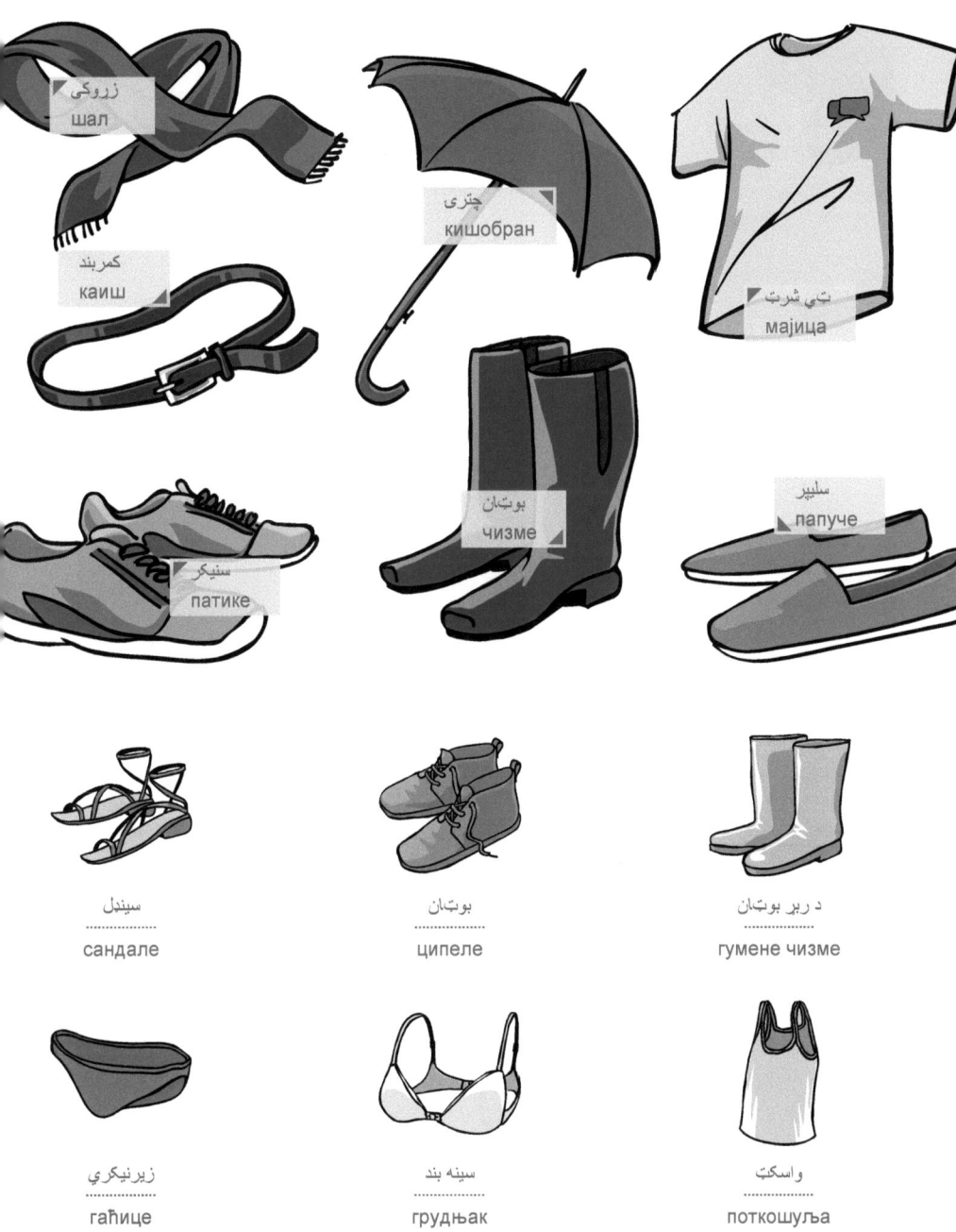

زروکی
шал

چترى
кишобран

мајица

کمربند
каиш

чизме

سنیکر
патике

سلیپر
папуче

سیندل
сандале

بوټان
ципеле

د ربړ بوټان
гумене чизме

زیرنیکري
гаћице

سینه بند
грудњак

واسکټ
поткошуља

باډي

боди

پتلون

панталоне

جينز

фармерке

لمن

сукња

بلاوز

блуза

شرټ

кошуља

بنيان

џемпер

سويټر

џемпер с капуљачом

بليزر

сако

جاکټ

јакна

کوټ

мантил

د باران کوټ

кабаница

پوښاک

костим

کالي

хаљина

د واده پوښاک

венчаница

دريشي
....
одело

د شپې پوښاک
....
спаваћица

پاجامه
....
пиџама

ساړي
....
сари

لوپټه
....
марама за главу

پټکی
....
турбан

برقه
....
бурка

کفتن
....
кафтан

عبا
....
абаја

د لامبو پوښاک
....
купаћи костим

نيکر
....
купаће гаћице

شارټ
....
кратке панталоне

د ځغاستي پوښاک
....
одећа за тренинг

پیش بند
....
кецеља

دستکش
....
рукавице

بټن

дугме

عینک

наочаре

لاس بند

наруквица

غاړه کۍ

огрлица

ګوتمه

прстен

غوږوالۍ

наушница

خولۍ

капа

کوټ بند

вешалица

خولۍ

шешир

ټايي

кравата

ځنځير

патент затварач

هيلميټ

кацига

تړونکی

нараменице

د ښوونځي يونيفارم

школска униформа

يونيفارم

униформа

بیب

подбрадак

ګونګشی

дуда

نیپي

пелена

دفتر

канцеларија

سرور
сервер
د دوسیه الماری
ормар за списе
پرینټر
штампач
ورق
папир
монитор
ماوس
миш
писаћи сто
мапа
کي بورډ
тастатура
اشغالدانی
кошара за папир
کمپیوټر
компјутер
چوکی
столица

د کافي پیاله

шалица за каву

کالکولیټر

калкулатор

انټرنیټ

интернет

لپ ټاپ

лаптоп

ليک

писмо

پيغام

порука

موبايل

мобилни телефон

نيټورک

мрежа

فوټوکاپير

уређај за копирање

سافټوير

софтвер

تليفون

телефон

پلګ ساکټ

утичница

فکس مشين

факс

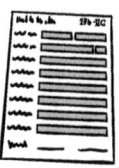

فارم

формулар

سند

документ

اقتصاد

економија

پیرل

....

куповати

تادیه کول

....

платити

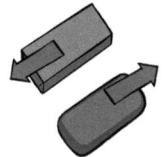

سوداګري کول

....

трговати

پیسې

....

новац

ډالر

....

долар

یورو

....

евро

ین

....

јен

ربل

....

рубља

سویسي فرانک

....

швајцарски франак

رینمینبي یوان

....

ренминдби јуан

روپۍ

....

рупија

د نغدي پیسو ځای

....

аутомат за новац

د اسعارو د تبادلي دفتر
....
мењачница

سره زر
....
злато

سپین زر
....
сребро

تیل
....
нафта

انرژي
....
енергија

نرخ
....
цена

قرارداد
....
уговор

مالیه
....
порез

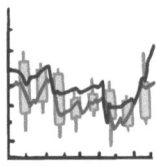

اسهام
....
деонице

کار کول
....
радити

کارمند
....
службеник

کار ګومارونکی
....
послодавац

فابریکه
....
фабрика

پلورنځی
....
продавница

مسلکونه
занимања

د پولیسو افسر
полицајац
د اطفایه غړی
ватрогасац
اشپز
кувар
лекар
пилот

باغوان

вртлар

نجار

столар

خیاط

кројачица

قاضي

судија

کیمیا پوه

хемичар

د فلم لوبغاړی

глумац

د بس ډرایور

....

возач аутобуса

د ټېکسي ډرایور

....

возач таксија

کب نیونکی

....

рибар

خدمه

....

чистачица

بام جوړونکی

....

кровопокривач

پیشخدمت

....

конобар

ښکاري

....

ловац

نقاش

....

сликар

نانوا

....

пекар

د برېښنا کارکونکی

....

електричар

تعمیر جوړونکی

....

грађевински радник

انجنیر

....

инжењер

قصاب

....

месар

نلدوان

....

лимар

پوست رسونکی

....

поштар

سرتيری

војник

مهندس

архитекта

صراف

благајник

مالیار

цвећар

نایی

фризер

کلینډر

кондуктер

میکانیک

механичар

کپتان

капетан

د غاښونو ډاکټر

зубар

ساینس پوه

научник

ښاغلی

раби

امام

имам

مذهبي نفر

монах

پادري

свећеник

لوازم

алати

پلاس
клешта
پیچکش
одвијач
څراغ
џепна лампа
رینچ
кључ за завртње

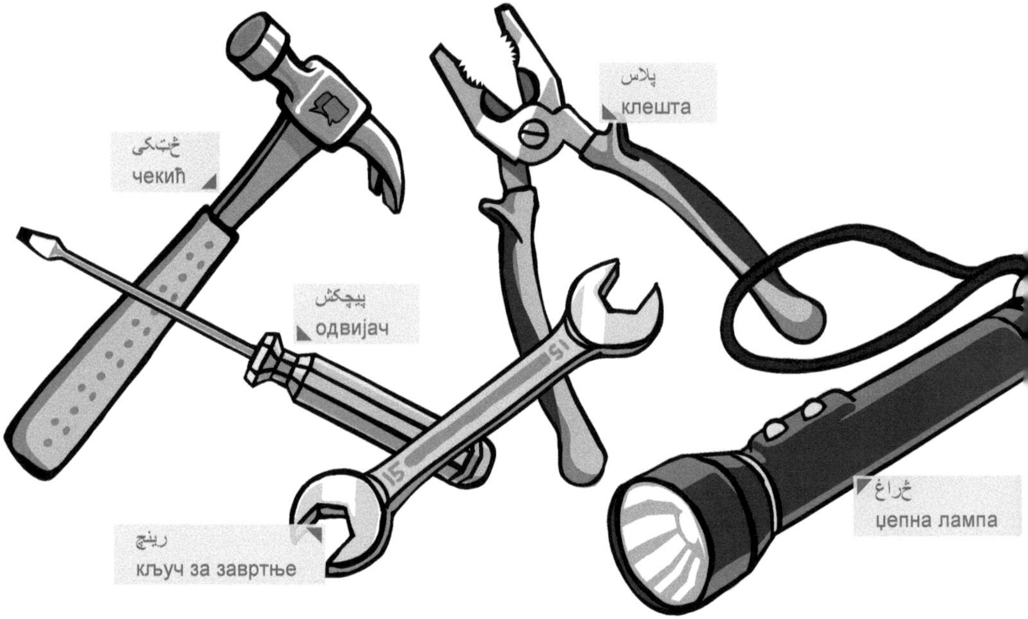

کنستونکی

багер

د لوازمو بکس

кутија за алат

زینه

мердевине

اره

пила

میخونه

ексер

برمه

бушилица

ترمیم کول

поправити

بیل

лопата

لعنت!

до ђавола!

خاک انداز

лопатица

مشواړی

лонац за боју

پیچونه

завртањи

د میوزیک آلات

музички инструмент

لاود سپیکر
звучник
درم سیټ
бубњеви
ګیتار
гитара
контрабас
труба

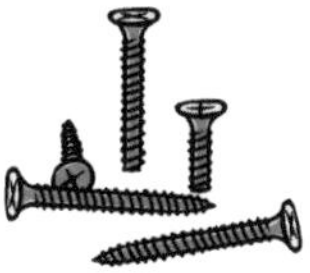

پیانو

клавир

وایلن

виолина

باس

бас

نغاره

тимпани

ډرمونه

удараљке за бубњеве

کي بورډ

типке клавира

سیکسافون

саксофон

شپیلۍ

флаута

مایکروفون

микрофон

зоолошки врт

тигар
ننوتو لاره
улаз
پنجره
кавез
ګوره خر
зебра
د ژويو خواره
храна за животиње
панда

ژوی

....

животиње

هاتي

....

слон

کنګرو

....

кенгур

د اوبو اسپ

....

носорог

ګوريلا

....

горила

ايږه

....

медвед

اوښ

камила

شترمرغ

ној

زمری

лав

بيزو

мајмун

غزی

фламинго

طوطي

папагај

قطبي ايږه

поларни медвед

پينګوين

пингвин

شارک

ајкула

طاوس

паун

مار

змија

تمساح

крокодил

ژوبڼ ساتونکی

чувар у зоолошком врту

سيل

туљан

جګوار

јагуар

یابو

....

пони

پړانګ

....

леопард

هیپو

....

нилски коњ

زرافه

....

жирафа

باز

....

орао

نرخوګ

....

дивља свиња

کب

....

риба

شمشتی

....

корњача

سمندري نولی

....

морж

ګیدړه

....

лисица

هوسۍ

....

газела

ورزش

спорт

امریکایی فټبال
амерички ногомет
سایکل ځغلول
бициклизам
тенис
باسکیټبال
кошарка
لامبو
пливање
باکسینګ
бокс
د کنګل هاکي
хокеј на леду

فټبال

фудбал

کسیزه

бадминтон

د ځغاستي لوبي

атлетика

د هندبال

рукомет

سکي

скијање

پولو

поло

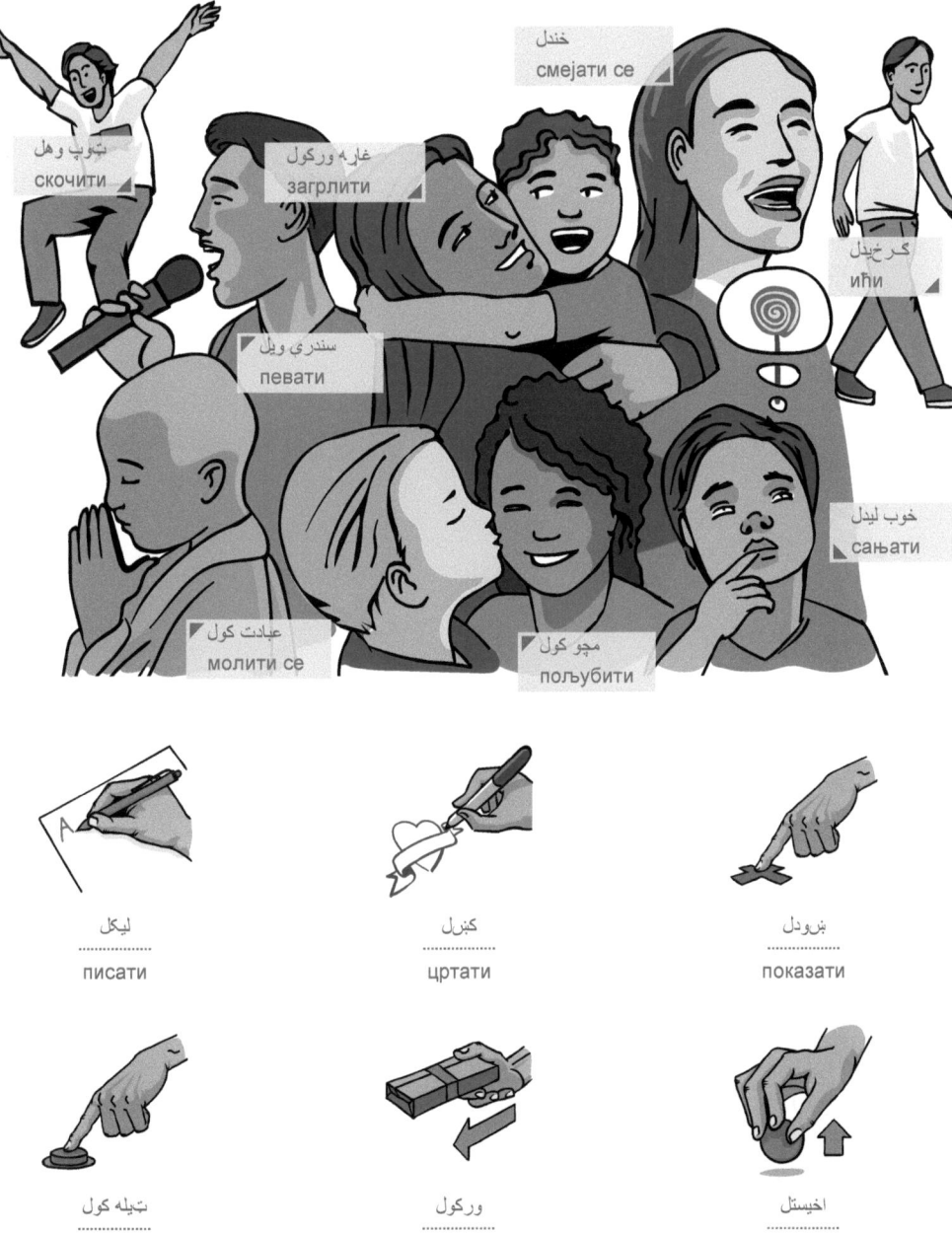

فعالیتونه

активности

ټوپ وهل
скочити
غاړه ورکول
загрлити
خندل
смејати се
سندرې ویل
певати
خوب لیدل
сањати
عبادت کول
молити се
مچو کول
пољубити

لیکل

писати

کښل

цртати

ښودل

показати

ټېله کول

гурати

ورکول

дати

اخیستل

узети

درلودل

имати

کول

чинити

پاييدل

бити

ودريدل

стојати

منډې وهل

трчати

راکښل

повлачити

ګوزارل

бацити

لويدل

падати

څملاستل

лежати

انتظار کول

чекати

وړل

носити

کښيناستل

седити

پوښاک اغوستل

облачити

ويده کيدل

спавати

پاڅيدل

пробудити се

کتل
....
гледати

ژړل
....
плакати

برید کول
....
миловати

ګمنځ کول
....
чешљати

خبري کول
....
говорити

پوهيدل
....
разумети

غوښتل
....
питати

اوریدل
....
слушати

څښل
....
пити

خوړل
....
јести

پاکول
....
поспремити

مینه کول
....
волети

پخلی کول
....
кухати

موټر چلول
....
возити

الوتل
....
летети

بیړی چلول

пловити

حساب

рачунати

لوستل

читати

زده کول

учити

کار کول

радити

واده کول

венчати се

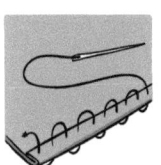

ګنډل

шити

د غاښونو برس کول

прати зубе

وژل

убити

سګرټ څښل

пушити

لیږل

послати

نيا
باکه
бака

نيکه
деда

مور
мајка

پلار
отац

ماشوم
беба

لور
кћерка

زوی
син

ميلمه
....
гост

ترور
....
тетка

کاکا/ماما
....
ујак, стриц

ورور
....
брат

خور
....
сестра

تندی
چело

سترګي
око

مخ
ليце

اوږه
رامe

ګوته
прст

زنه
брада

لاس
рука

سينه
груди

پښه
нога

مټ
рука

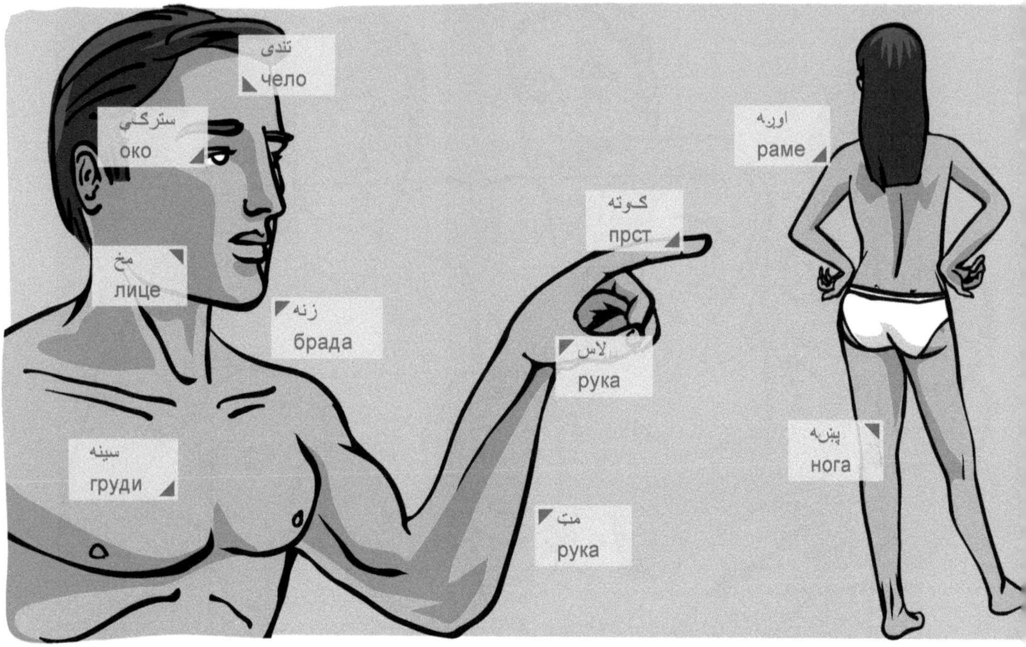

ماشوم

беба

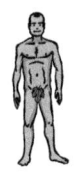

سړی

мушкарац

ښځه

жена

انجلۍ

девојчица

هلک

дечак

سر

глава

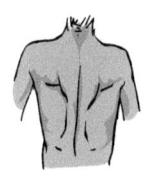

شا
леђа

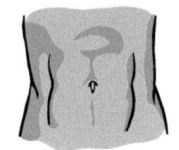

خیټه
стомак

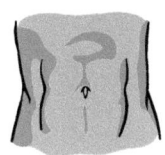

نوم
пупак

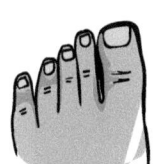

د پښي گوته
ножни прст

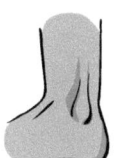

پونده
пета

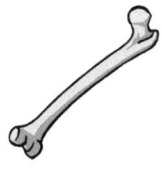

هډوکی
кост

کوناټی
кукови

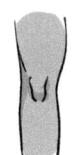

زنگون
колено

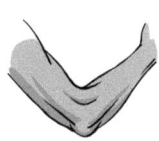

څنگل
лакат

پوزه
нос

لاندی برخه
задњица

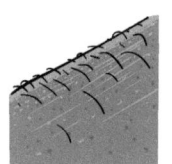

پوټکی
кожа

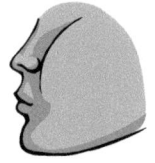

غومبوری
образ

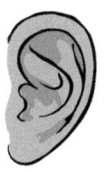

غوږ
уво

شونډه
усна

بدن - тело

خوله
....
уста

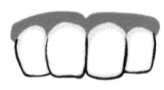

غاښ
....
зуб

ژبه
....
језик

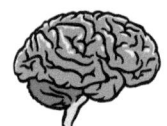

مغز
....
мозак

زړه
....
срце

عضله
....
мишић

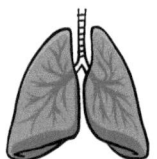

سږی
....
плућа

ځيګر
....
јетра

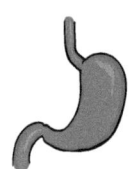

معده
....
желудац

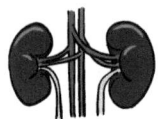

پښتورګي
....
бубрези

جنسي نږدي والی
....
полни однос

کاندوم
....
кондом

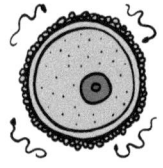

تخمه
....
јајна ћелија

منی
....
сперма

حمل
....
трудноћа

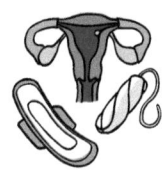

حيض

менструација

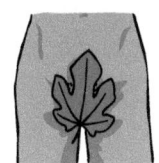

مهبل

вагина

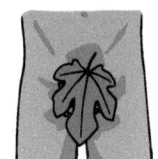

د نارينه تناسلي آله

пенис

وروځی

обрва

ویښته

коса

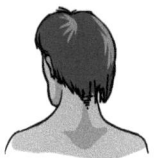

غاړه

врат

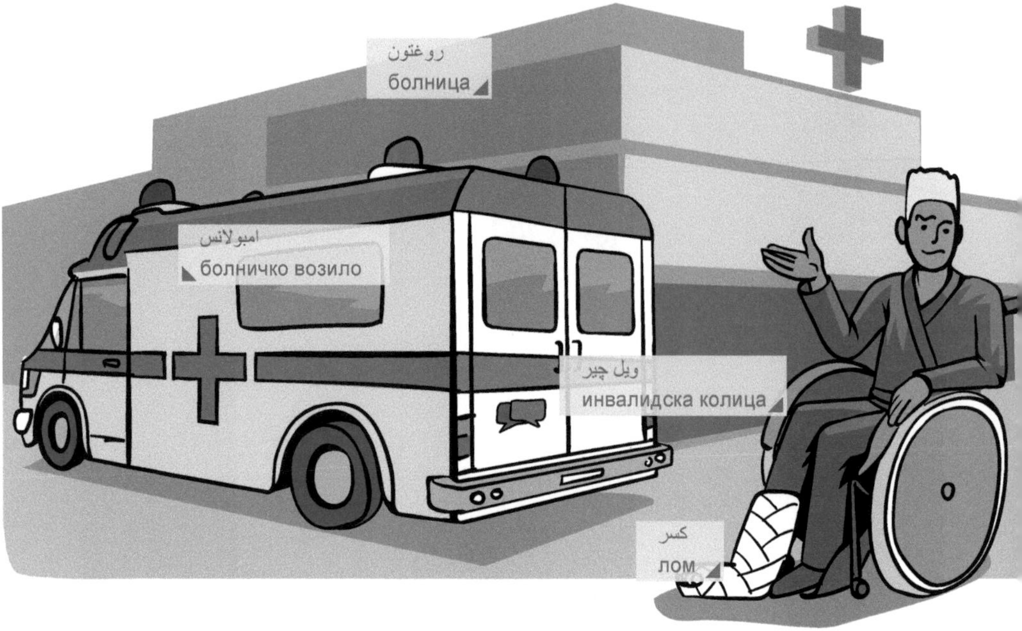

روغتون

болница

болница
امبولانس
болничко возило
ویل چیر
инвалидска колица
کسر
лом

داکټر

лекар

عاجل خونه

хитна медицинска служба

رنځورپال

медицинска сестра

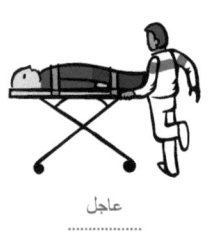

عاجل

хитни случај

بي هوش

несвест

درد

бол

ټپ

....

повреда

وینه تویدل

....

крварење

د زړه حمله

....

срчани удар

ضرب

....

удар

حساسیت

....

алергија

ټوخی

....

кашаљ

تبه

....

грозница

انفلوینزا

....

грипа

نس ناستی

....

пролив

سر درد

....

главобоља

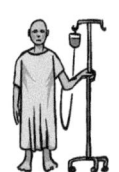

سرطان

....

рак

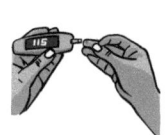

شکر

....

дијабетес

جراح

....

хирург

سکالپل

....

скалпел

عملیات

....

операција

سي.ټي

цт

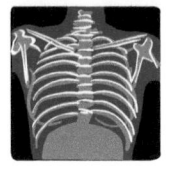

ايکس رې

рентген

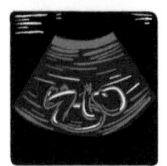

الټراساونډ

ултразвук

د مخ ماسک

маска

ناروغي

болест

انتظار خونه

чекаона

امسآ

штака

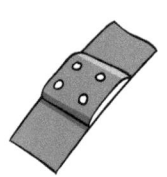

پلستر

фластер

بنداژ

завој

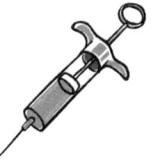

تزريق

ињекција

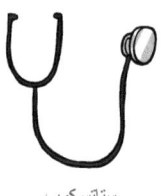

ستاتسکوپ

стетоскоп

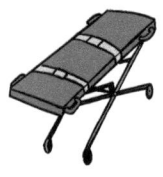

تسکيره

носила

کلينکي ترماميټر

термометар

زيږون

рођење

زيات وزن

прекомерна тежина

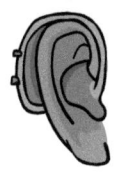

د اوریدو مرسته
....
слушни апарат

د عفونیت څخه پاکونکي مواد
....
средство за дезинфекцију

عفونیت
....
инфекција

ویروس
....
вирус

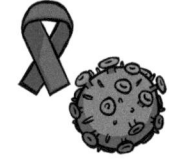

ایچ.آی.وی/ایډز
....
хив / аидс

درمل
....
медицина

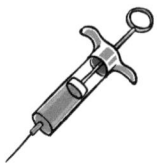

واکسین
....
вакцинација

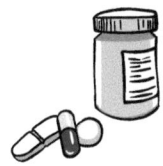

ټابلیټس
....
таблете

ګولی
....
пилула

عاجل تلیفون
....
хитни позив

د وینې د فشار څارونکی
....
уређај за мерење притиска

ناروغ/روغ
....
болесно / здраво

عاجل

хитни случај

مرسته!

помоћ!

الارم

аларм

یرغل

насртај

برید

напад

خطر

опасност

عاجل لاره

излаз у случају нужде

اور!

пожар!

د اور وژونکی

противпожарни апарат

پیښه

незгоца

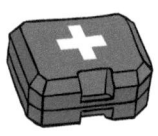

د لومړی مرستي لوازم

кутија прве помоћи

ایس.او.ایس

сос

پولیس

полиција

اروپا

Европа

شمالي امریکا

Северна Америка

سهيلي امریکا

Јужна Америка

افریقا

Африка

آسیا

Азија

آسټریلیا

Аустралија

اتلانتیک

Атлантик

پاسیفیک

Пацифик

د هند بحر

Индијски океан

جنوبي منجمد بحر

Антарктички океан

د شمال قطب بحر

Арктички океан

شمالي قطب

Северни рол

سهيلي قطب

Јужни рол

انټارکټيکا

Антарктик

ځمکه

земља

ځمکه

земља

بحر

море

ټاپو

оток

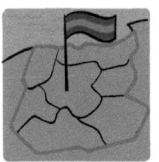

ملت

нација

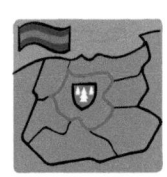

دولت

држава

ساعت

сат

د مخې ساعت
....
бројчаник сата

د ساعت ستنه
....
сатна казаљка

د دقیقې ستنه
....
минутна казаљка

د ثانیې ستنه
....
секундна казаљка

څه وخت دی؟
....
Колико је сати?

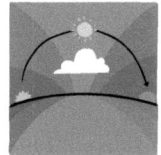

ورځ
....
дан

وخت
....
време

اوس
....
сада

ډیجیټل ساعت
....
дигитални сат

دقیقه
....
минута

ساعت
....
час

седмица

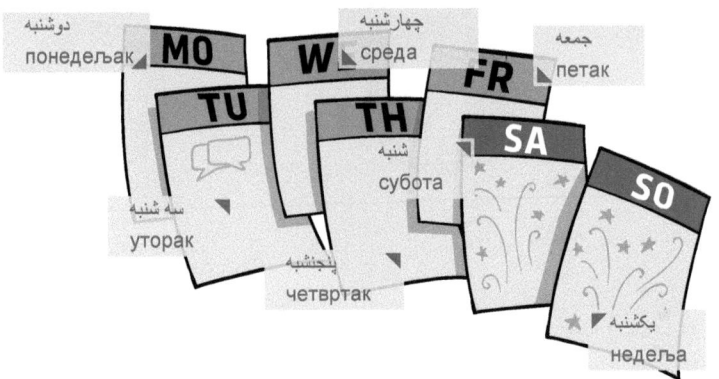

دوشنبه
понедељак

چهارشنبه
среда

جمعه
петак

سه شنبه
уторак

پنجشنبه
четвртак

شنبه
субота

يکشنبه
недеља

پرون
јуче

نن
данас

سبا
сутра

سهار
јутро

غرمه
подне

ماښام
вече

MO	TU	WE	TH	FR	SA	SU
1	2	3	4	5	6	7
8	9	10	11	12	13	14
15	16	17	18	19	20	21
22	23	24	25	26	27	28
29	30	31	1	2	3	4

کاري ورځي
радни дани

MO	TU	WE	TH	FR	SA	SU
1	2	3	4	5	6	7
8	9	10	11	12	13	14
15	16	17	18	19	20	21
22	23	24	25	26	27	28
29	30	31	1	2	3	4

د اونۍ پای
викенд

کال

година

باران
киша
رنګین کمان
дуга
باد
ветар
واوره
снег
پسرلی
пролеће
اوړی
лето
منی
јесен
ژمی
зима

4.APRIL 11°
5.APRIL 4°
6.APRIL 13°
7.APRIL 8°
8.APRIL 10°

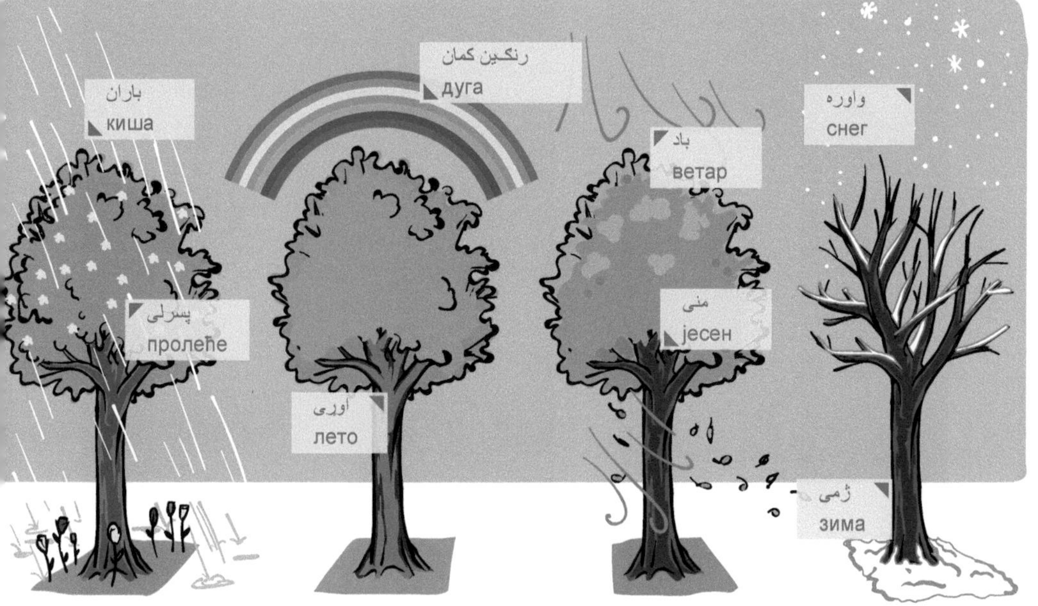

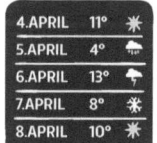

د موسم وړاندوینه
....
метеоролошка прогноза

F C
120 40
90 30
60 20
30 10
0 0
-30 -10
-20

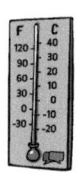

ترمومیټر
....
термометар

د لمر وړانګې
....
сунчана светлост

وریځ
....
облак

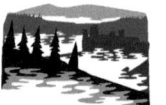

لړه
....
магла

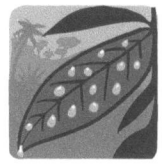

رطوبت
....
влажност ваздуха

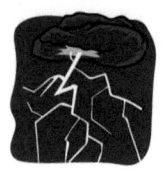

رڼا

....

муња

تندر

....

грмљавина

توفان

....

олуја

ږلۍ وریدل

....

туча

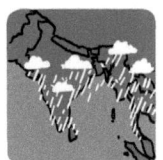

مون سون باران

....

монсун

سیلاب

....

поплава

يخ

....

лед

جنوري

....

januar

فبروري

....

фебруар

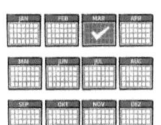

مارچ

....

март

اپرېل

....

април

مى

....

мај

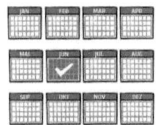

جون

....

јуни

جولای

....

јули

اګست

....

август

سپتمبر

септембар

اکتوبر

октобар

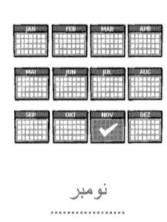

نومبر

новембар

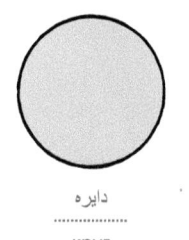

دسمبر

децембар

شکلونه

облици

دایره

круг

مربع

квадрат

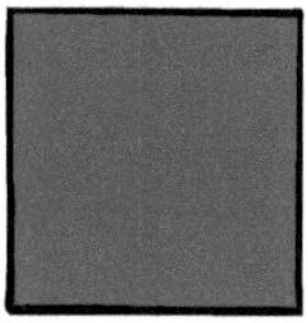

مستطیل

правоугао

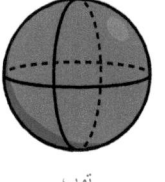

مثلث

троугао

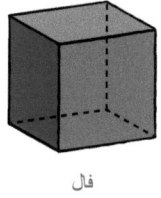

توپ

кугла

فال

коцка

رنګونه

боје

سپین

бела

ژیړ

жута

نارنجي

наранџаста

ګلابي

ружичаста

سور

црвена

ارغواني

љубичаста

نیلي

плава

شین

зелена

نسواري

смеђа

خړ

сива

تور

црна

супротности

خورا ډیر/خورا لږ

....

много / мало

قار/ارام

....

љутито / мирно

ښکلی/بدشکله

....

лепо / ружно

پیل/پای

....

почетак / крај

لوی/کوچنی

....

велико / малено

روښانه/تیاره

....

светло / тамно

ورور/خور

....

брат / сестра

پاک/ککړ

....

чисто / прљаво

مکمل/نامکمل

....

потпуно / непотпуно

ورځ/شپه

....

дан / ноћ

مړ/ژوندی

....

мртво / живо

پراخه/نری

....

широко / уско

د خوراک ور/نه خوړل کیدونکی

јестиво / нејестиво

بد/مهربان

зло / добро

پاریدلی/بي خونده

узбуђено / досадно

چاق/وچ

дебело / мршаво

لومړی/وروستی

на почетку / на крају

ملګری/دښمن

пријатељ / непријатељ

ډک/تش

пуно / празно

سخت/نرم

тврдо / мекано

دروند/سپک

тешко / лагано

لوږه/تنده

глад / жеђ

ناروغ/روغ

болесно / здраво

غیرقانوني/قانوني

илегално / легално

هوښیار/ساده

паметно / глупо

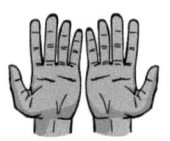

کیڼ/ښي

лево / десно

نږدې/لرې

близу / далеко

نوی/زوړ

ново / половно

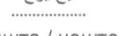

هیڅ/یوڅه

ништа / нешто

بډا/ځوان

старо / младо

چالان/بند

укључено / искључено

خلاص/تړلی

отворено / затворено

غلی/لوړ غږ

тихо / гласно

بډایه/غریب

богато / сиромашно

صحیح/غلط

тачно / погрешно

زیږ/ملایم

храпаво / глатко

خفه/خوښ

тужно / сретно

لنډ/اوږد

кратко / дуго

سست/ګړندی

полако / брзо

لوند/وچ

мокро / сухо

ګرم/یخ

топло / хладно

جګړه/سوله

рат / мир

شمیرې

бројеви

0	**1**	**2**
صفر	یو	دوه
нула	један	два
3	**4**	**5**
درې	څلور	پنځه
три	четири	пет
6	**7**	**8**
شپږ	اوه	اته
шест	седам	осам
9	**10**	**11**
نهه	لس	یولس
девет	десет	једанаест

12
دولس
дванаест

13
ديارلس
тринаест

14
څوارلس
четрнаест

15
پنځلس
петнаест

16
شپارس
шестнаест

17
وولس
седамнаест

18
اتلس
осамнаест

19
نولس
деветнаест

20
شل
двадесет

100
سل
стотину

1.000
زر
хиљаду

1.000.000
ميليون
милион

ژبې
језици

انګلسي

енглески

امريکايي انګلسي

амерички енглески

چينايي مندرين

мандарински кинески

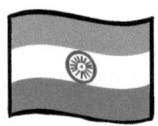

هندي

хиндски

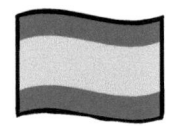

هسپانوي

шпански

فرانسوي

француски

عربي

арапски

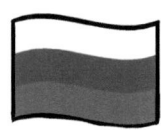

روسي

руски

پرتګالي

португалски

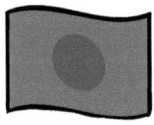

بنګالي

бенгалски

آلماني

немачки

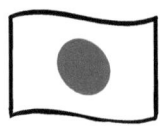

جاپاني

јапански

زه

ja

ته

ти

هغه/دغه/دا

он / она / оно

موږ

ми

تاسي

ви

دوی/هغوی

они

څوک؟

Ко?

څه؟

Шта?

څنګه؟

Како?

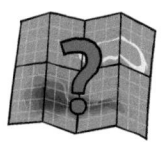

چیري؟

Где?

کله؟

Када?

HELLO, I AM

نوم

име

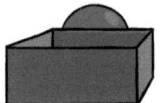

چيرې

где

شاته

иза

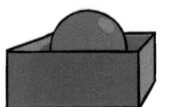

په

у

په مخه کي

испред

باندي

преко

په

на

لاندي

испод

برسيره پر

поред

ترمينځ

између

ځای

место